X 1265.
D.b.c.

MÉTHODE
INGÉNIEUSE,
OU
ALPHABET
SYLLABIQUE
POUR APPRENDRE A LIRE
AUX ENFANS.

A COLMAR,

Chez J. H. DECKER, Imprimeur du Roi.

1825.

Majuscules romaines.

ABCDEFGHIJ
KLMNOPQRST
UVXYZÆŒWÇ.

Majuscules italiques.

*ABCDEFGHI
JKLMNOPQR
STUVXYZÆ
ŒWÇ.*

Lettres ordinaires romaines.

a b c d e f g h i j k l m n o p q r s t u v x y z.

Lettres ordinaires italiques.

a b c d e f g h i j k l m n o p q r s t u v x y z.

Consonnes.

b c d f g h j k l m n o p q r s t v x z.

Diphtongues.

æ œ ai au ei eu ay.

Lettres doubles.

fi ffi ff ffl w etc.

Voyelles	a e i o u
Circonflexes	â ê î ô û
Graves	à è ì ò ù
Aiguës	á é í ó ú
Tréma	ä ë ï ö ü
Ponctuation	, ; . : ? !

SYLLABES.

a	e	i	o	u	ab	eb	ib	ob	ub
ba	be	bi	bo	bu	ac	ec	ic	oc	uc
ca	ce	ci	co	cu	ad	ed	id	od	ud
da	de	di	do	du	af	ef	if	of	uf
fa	fe	fi	fo	fu	ag	eg	ig	og	ug
ga	ge	gi	go	gu	ah	eh	ih	oh	uh
ha	he	hi	ho	hu	aj	ej	ij	oj	uj
ja	je	ji	jo	ju	ak	ek	ik	ok	uk
la	le	li	lo	lu	al	el	il	ol	ul
ma	me	mi	mo	mu	am	em	im	om	um
na	ne	ni	no	nu	an	en	in	on	un
pa	pe	pi	po	pu	ap	ep	ip	op	up
qua	que	qui	quo	quu	aq	eq	iq	oq	uq
ra	re	ri	ro	ru	ar	er	ir	or	ur
sa	se	si	so	su	as	es	is	os	us
ta	te	ti	to	tu	at	et	it	ot	ut
va	ve	vi	vo	vu	av	ev	iv	ov	uv
xa	xe	xi	xo	xu	ax	ex	ix	ox	ux
ya	ye	yi	yo	yu	ay	ey	iy	oy	uy
za	ze	zi	zo	zu	az	ez	iz	ez	ez

Autres syllabes.

bla	ble	bli	blo	blu
bra	bre	bri	bro	bru
cha	che	chi	cho	chu
chra	chre	chri	chro	chru
cla	cle	cli	clo	clu
cra	cre	cri	cro	cru
dra	dre	dri	dro	dru
fla	fle	fli	flo	flu
fra	fre	fri	fro	fru
phra	phre	phri	phro	phru
pha	phe	phi	pho	phu
phla	phle	phli	phlo	phlu
gla	gle	gli	glo	glu
gna	gne	gni	gno	gnu
gra	gre	gri	gro	gru
pla	ple	pli	plo	plu
pra	pre	pri	pro	pru
rha	rhe	rhi	rho	rhu
sca	sce	sci	sco	scu
sça	—	—	sço	sçu
spa	spe	spi	spo	spu
sta	ste	sti	sto	stu
tra	stre	stri	stro	stru
tha	the	thi	tho	thu

abl	ebl	ibl	obl	ubl
abs	ebs	ibs	obs	ubs
ach	ech	ich	och	uch
achr	echr	ichr	ochr	uchr
acl	ecl	icl	ocl	ucl
acr	ecr	icr	ocr	ucr
adr	edr	idr	odr	udr
afl	efl	ifl	ofl	ufl
afr	efr	ifr	ofr	ufr
aphr	ephr	iphr	ophr	uphr
aph	eph	iph	oph	uph
aphl	ephl	iphl	ophl	uphl
agl	egl	igl	ogl	ugl
agn	egn	ign	ogn	ugn
agr	egr	igr	ogr	ugr
aph	eph	iph	ogr	ugr
apr	epr	ipr	opr	upr
arh	erh	irh	orh	urh
asc	esc	isc	osc	usc
asp	esp	isp	osp	usp
ast	est	ist	ost	ust
ath	eth	ith	oth	uth
atr	etr	itr	otr	utr

ai	eu	oi	au	ou
bai	beu	boi	bau	bou
cai	ceu	coi	cau	cou
çai	—	çoi	çau	çou
dai	deu	doi	dau	dou
fai	feu	foi	fau	fou
geai	gueu	geoi	geau	geou
gai	geu	goi	gau	gou
hai	heu	hoi	hau	hou
jai	jeu	joi	jau	jou
kai	keu	koi	kau	kou
lai	leu	loi	lau	lou
mai	meu	moi	mau	mou
nai	neu	noi	nau	nou
pai	peu	poi	pau	pou
quai	queu	quoi	quau	quou
rai	reu	roi	rau	rou
sai	seu	soi	sau	sou
tai	teu	toi	tau	tou
vai	veu	voi	vau	vou
xai	xeu	xoi	xau	xou
zai	zeu	zoi	zau	zou

PRIÈRES AVANT L'ÉCOLE.

Ve-nez Es-prit-Saint, rem-plis-sez de vos dons les cœurs de vos ser-vi-teurs, et al-lu-mez en eux le feu sa-cré de vo-tre di-vin a-mour.

℣ En-voy-ez vo-tre di-vin Es-prit, Sei-gneur, et nos cœurs se-ront cré-és de nou-veau.

℟ Et vous re-nou-vel-le-rez la fa-ce de la ter-re.

L'Oraison Dominicale.

No-tre Pè-re qui ê-tes aux cieux, vo-tre Nom soit sanc-ti-fi-é, vo-tre Roy-au-me nous ar-ri-ve, vo-tre vo-lon-té soit fai-te en la Ter-re com-me au Ciel. Don-nez-nous au-jour-d'hui no-tre pain quo-ti-dien, et par-don-nez-nous nos of-fen-ses com-me nous les par-don-nons à ceux qui nous ont of-fen-sé; et ne nous lais-sez pas suc-com-ber à la ten-ta-ti-on, mais dé-li-vrez-nous du mal. Ain-si soit-il.

La Salutation Angélique.

Je vous sa-lue Ma-rie plei-ne de grâ-ce, le Sei-gneur est a-vec vous ; vous ê-tes bé-nie en-tre tou-tes les fem-mes, et bé-ni est le fruit de vos en-trail-les, Jé-sus.

Sain-te-Ma-rie, Mè-re de Dieu pri-ez pour nous pau-vres pécheurs, main-te-nant et à l'heu-re de no-tre mort. Ain-si soit-il.

Le Symbole des Apôtres.

Je crois en Dieu le Père tout puis-sant Cré-a-teur du Ciel et de la Ter-re, et en Jé-sus-Christ son Fils unique notre Sei-gneur, qui a é-t-é con-çu du Saint-Es-prit; né de la Vier-ge-Ma-rie; a souf-fert sous Pon-ce Pi-la-te; a é-t-é cru-ci-fi-é, mort et en-sé-ve-li. Est des-cen-du aux En-fers, et le troi-si-è-me jour est res-sus-ci-té des Morts. Est mon-té au Ciel ; est as-sis à la droi-te de Dieu le Pè-re tout-puis-sant, d'où il vien-dra ju-ger les vi-vans et les morts.

Je crois au Saint-Es-prit, la Sain-te-É-gli-se ca-tho-li-que, la Com-mu-ni-on des Saints, la ré-mis-si-on des pé-chés, la ré-sur-rec-ti-on de la chair, la vie é-ter-nel-le. Ain-si soit-il.

La Confession des péchés.

Je me con-fes-se à Dieu tout-puis-sant; à la bien-heu-reu-se Ma-rie tou-jours Vier-ge; à Saint Mi-chel-Ar-chan-ge; à Saint Jean-Bap-tis-te; aux A-pô-tres Saint Pier-re et Saint Paul, et à tous les Saints. Par-ce que j'ai gran-de-ment pé-ché en pen-sées, pa-ro-les et œu-vres, par ma fau-te, par ma fau-te, par ma très-gran-de fau-te. C'est pour-quoi je prie la bien-heu-reu-se Ma-rie tou-jours Vier-ge; Saint Mi-chel-Ar-chan-ge, Saint Jean-Bap-tis-te; les A-pô-tres Saint Pier-re et Saint Paul, et tous les Saints de pri-er pour moi le Sei-gneur no-tre Dieu.

L'Absolution.

Que le Dieu tout puis-sant nous fas-se mi-sé-ri-cor-de, et que nous a-yant par-don-né nos pé-chés, il nous con-dui-se à la vie é-ter-nelle. Ain-si soit-il.

Que le Sei-gneur tout puis-sant et mi-sé-ri-cor-di-eux no-s ac-cor-de le par-don, l'ab-so-lu-ti-on et la ré-mis-si-on de nos pé-chés. Ain-si soit-il.

La Bénédiction de la table.

Bé-nis-sez (ce se-ra le Sei-gneur) que la droi-te de Jé-sus-Christ nous bé-nis-se a-vec tou-tes ces cho-ses que nous de-vons pren-dre pour no-tre nour-ri-tu-re. Au nom du Pè-re, et du Fils et du Saint-Es-prit. Ain-si soit-il.

Actions de grâces après le repas.

O Roi ! ô Dieu tout puis-sant ! nous vous ren-dons grâ-ces pour tous vos bien-faits, vous qui vi-vez et ré-gnez dans tous les si-è-cles des si-è-cles. Ain-si soit-il.

Les dix Commandemens de Dieu.

1. Un seul Di-eu tu a-do-re-ras,
   Et ai-me-ras par-fai-te-ment.
2. Dieu en-vain tu ne ju-re-ras,
   Ni au-tre cho-se pa-reil-le-ment.
3. Le Di-man-che tu gar-de-ras,
   En ser-vant Dieu dé-vo-te-ment.
4. Pè-re et mè-re ho-no-re-ras,
   A-fin que tu vi-ves lon-gue-ment.
5. Ho-mi-ci-de ne com-met-tras,
   De fait ni vo-lon-tai-re-ment.
6. Lu-xu-ri-eux point ne se-ras,
   De corps ni de con-sen-te-ment.

7 Le bi-en d'au-trui tu ne pren-dras,
Ni re-ti-en-dras in-jus-te-ment.
8 Faux té-moi-gna-ge ne di-ras,
Ni men-ti-ras au-cu-ne-ment.
9. L'œu-vre de chair ne dé-si-re-ras,
Qu'en ma-ri-a-ge seu-le-ment.
10. Bi-ens d'au-trui tu ne con-voi-te-ras,
Pour les a-voir in-jus-te-ment.

Les Commandemens de l'Église.

1. Les Di-man-ches la mes-se ou-ï-ras,
Et les fê-tes pa-reil-le-ment.
2. Les Fê-tes tu sanc-ti-fie-ras,
Qui te sont de com-man-de-ment.
3. Tous tes pé-chés con-fes-se-ras,
A tout le moins u-ne fois l'an.
4. Et ton Cré-a-teur re-ce-vras,
Au moins à Pâ-ques hum-ble-ment.
5. Qua-tre temps Vi-gi-le jeû-ne-ras,
Et le Ca-rê-me en-ti-è-re-ment.
6. Ven-dre-di chair ne man-ge-ras,
Ni le Sa-me-di mê-me-ment.

Prière après l'école.

Nous nous ré-fu-gi-ons vers vous Sain-te Mè-re de Dieu et nous nous met-tons

ous vo-tre pro-tec-tion ; dai-gnez é-cou-
er fa-vo-ra-ble-ment les sup-pli-an-tes
ri-è-res que nous vous a-dres-sons dans
os be-soins, et dé-li-vrez-nous tou-jours
e tout pé-ril, ô Vier-ge glo-rieu-se et
lei-ne de grâ-ces. Ain-si soit-il.

℣. Cœur de Jé-sus tout brû-lant d'a-
our pour nous.

℟. Em-brâ-sez nos cœurs d'a-mour pour
ous.

℣. Sain-te Mè-re de Dieu, pri-ez pour
ous.

℟. A-fin que nous soy-ons ren-dus di-
nes des pro-mes-ses de no-tre Sei-gneur
é-sus-Christ.

℣. Saint Jo-seph no-tre pè-re, pri-ez
our nous.

℟. A-fin que nous soy-ons ren-dus di-
nes des pro-mes-ses de no-tre Sei-gneur
é-sus Christ.

Soit fai-te, lou-ée et é-ter-nel-le-ment
x-al-tée, la très-jus-te, très-hau-te et très-
i-ma-ble vo-lon-té de Dieu en tou-tes
ho-ses.

LES SEPT PSEAUMES
PÉNITENTIAUX.

Pseaume 6.

Sei-gneur ne me re-pre-nez point dans vo-tre fu-reur, et ne me cor-ri-gez point dans le fort de vo-tre co-lè-re.

Ay-ez pi-ti-é de moi, Sei-gneur, puis-que je suis fai-ble; Seigneur gué-ris-sez-moi, car le mal qui me ron-ge a pas-sé dans mes os, qui en sont tous é-bran-lés.

Mon â-me en est a-bat-tue de tris-tes-se; mais vous, Sei-gneur, jus-ques à quand dif-fé-re-rez-vous ma gué-ri-son.

Tour-nez vos yeux sur moi, Sei-gneur, et sau-vez mon â-me de tous dan-gers; dé-li-vrez-moi par vo-tre gran-de bon-té et mi-sé-ri-cor-de.

Car on ne se sou-vient point de vous par-mi les morts; et qui se-ra ca-pa-ble de cé-lé-brer vos lou-an-ges dans les En-fers.

Je me suis tour-men-té jus-ques à ce

point, dans mes gé-mis-se-mens, que tou-tes les nuits mon lit est bai-gné et ma cou-che est ar-ro-sée de mes lar-mes.

Les dou-leurs m'ont fait pleu-rer si a-mè-re-ment que j'en perds les yeux. Je suis vi-eil-li par le cha-grin de voir mes en-ne-mis se ri-re de mon tour-ment.

Mais re-ti-rez-vous de moi, vous qui per-sis-tez tou-jours dans vo-tre mé-chan-ce-té; car Dieu a en-ten-du fa-vo-rable-ment la voix de mes pleurs.

Le Sei-gneur a ex-au-cé ma pri-è-re; le Sei-gneur a re-çu mon o-raï-son.

Que tous mes en-ne-mis en rou-gis-sent de hon-te, et soient at-teints d'u-ne a-gi-ta-ti-on vio-len-te; qu'ils s'en re-tour-nent cou-verts de con-fu-si-on et hon-te.

Pseaume 31.

Bien-heu-reux sont ceux à qui les i-ni-qui-tés sont par-don-nées, et dont les pé-chés sont cou-verts.

Bien-heu-reux est l'hom-me à qui Dieu n'im-pu-te point sa fau-te a-près l'a-voir com-mise, et qui n'a point de dé-gui-se-ment en son es-prit.

Par-ce que j'ai gar-dé mon mal se-crè-te-ment, mes os, comme vi-eil-lis, ont per-du leur for-ce par-mi les cris que j'ai je-tés.

Vo-tre main s'est ap-pe-san-tie sur moi tant que le jour et la nuit ont du-ré ; et la dou-leur qui me con-su-me m'a des-sé-ché com-me l'her-be du-rant les cha-leurs de l'é-té.

C'est pour-quoi je vous ai li-bre-ment dé-cla-ré mon of-fen-se, et ne vous ai point te-nu mon i-ni-qui-té ca-chée.

Dès que j'ai dit il faut que je con-fes-se con-tre moi-mê-me mon pé-ché au Sei-gneur, vous a-vez re-mis l'im-pi-é-té de ma fau-te.

Ce qui ser-vi-ra d'un ex-em-ple mé-mo-ra-ble à tous les jus-tes, pour vous a-dres-ser leurs pri-è-res en tems de mi-sé-ri-cor-de.

Et cer-tes, quand un dé-lu-ge de maux i-non-de-rait tou-te la ter-re, ils n'en pour-raient ê-tre au-cu-ne-ment tou-chés.

Vous ê-tes mon a-si-le con-tre tou-tes les ad-ver-si-tés qui m'en-vi-ron-nent ; vous qui ê-tes ma joie, dé-li-vrez-moi des en-ne-mis dont je suis as-si-é-gé.

Je vous don-ne-rai un es-prit clair-voy-ant, et vous en-sei-gne-rai le che-min que vous de-vez te-nir ; j'ar-rê-te-rai mes yeux veil-lant à vo-tre con-dui-te.

Tou-te-fois ne de-ve-nez point sem-bla-ble au che-val et au mu-let, qui n'ont point d'en-ten-de-ment.

Vous leur don-ne-rez le mords et la bri-de pour les em-pê-cher de mor-dre et de ru-er con-tre vous.

Plu-si-eurs ma-lé-dic-ti-ons se ré-pan-dront sur les pé-cheurs, mais la mi-sé-ri-cor-de se-ra le par-ta-ge de ceux qui met-tent leur es-pé-ran-ce au Sei-gneur.

Ré-jou-is-sez-vous donc au Sei-gneur, hom-mes jus-tes, et vous tous qui ê-tes nets de cœur, soy-ez trans-por-tez de joie.

Gloi-re soit au Pè-re etc.

Pseaume 37.

Sei-gneur, ne me re-pre-nez point dans vo-tre fu-reur, et ne me cor-ri-gez point dans le fort de vo-tre co-lè-re.

J'ai dé-jà sen-ti les traits pi-quans de vo-tre in-di-gna-ti-on, que vous a-vez dé-co-chés con-tre moi et sur qui vous a-vez ap-pe-san-ti vo-tre main.

Ma chair, tou-te cou-ver-te d'ul-cè-res, é-prou-ve bien les ef-fets de vo-tre i-re, et à cau-se de mes pé-chés, mes os ne re-çoi-vent au-cun re-pos.

Car il est vrai que mes i-ni-qui-tés me noi-ent et se sont é-le-vées par-des-sus ma tête, el-les m'ac-ca-blent sous leur faix.

Mes ci-ca-tri-ces se sont en-vi-eil-lies et ont dé-gé-né-ré par ma fo-lie, en une cor-rup-ti-on sans re-mè-de.

E-tant ain-si de-ve-nu mi-sé-ra-ble et cour-bé sous les en-nuis, je che-mi-ne tout le jour a-vec u-ne gran-de tris-tes-se.

Mes reins, pleins d'u-ne ar-deur ex-ces-si-ve me cau-sent d'é-tran-ges il-lu-si-ons et je n'ai au-cu-ne par-tie de mon corps où je ne souf-fre.

Je suis si fort af-fli-gé et a-bais-sé, qu'au lieu de plain-tes, mon cœur n'-ex-pri-me sa dou-leur que par des hur-le-mens.

Sei-gneur, voy-ez tou-tes mes in-ten-ti-ons; mes pleurs ni mes gé-mis-se-mens ne vous sont point ca-chés.

Mon cou-ra-ge s'é-ton-ne; je n'ai plus de for-ce ni de vi-gueur, et mes yeux qui sont a-veu-glés de mes lar-mes, n'a-per-çoi-vent plus la clar-té.

Mes a-mis et mes pro-ches se sont é-loi-gnés de moi, me voy-ant ré-duit en ce pi-teux é-tat.

Mes voi-sins s'en sont re-ti-rés aus-si, et ceux qui cher-chent à m'ô-ter la vie y em-ploient des vio-len-ces.

Ils n'é-pient que les oc-ca-si-ons de me nui-re, et ti-en-nent de mau-vais dis-cours de moi; ils pas-sent les jours à cher-cher ma rui-ne.

Né-an-moins, com-me si j'eus-se é-té sourd, je ne les ai point é-cou-tés; com-me si j'eus-se é-té mu-et, je n'ai ou-vert la bou-che pour leur ré-pon-dre.

J'ai bou-ché mes o-reil-les à tous leurs re-pro-ches, et ma lan-gue n'a point eu la pei-ne de re-pous-ser leurs in-ju-res.

Par-ce qu'en vous, Sei-gneur, j'ai mis tou-te mon es-pé-ran-ce; Sei-gneur, mon Dieu, vous ex-au-ce-rez s'il vous plait ma pri-è-re.

Je vous prie, que mes en-ne-mis ne se glo-ri-fi-ent de mes mi-sè-res, ni que dès le mo-ment que je fais un faux pas, ils se dres-sent con-tre moi pour me fai-re tom-ber.

Je suis pour-tant dis-po-sé à souf-frir tou-jours la per-sé-cu-tion, et la dou-leur que j'ai mé-ri-tée se pré-sen-te con-ti-nu-el-le-ment à mes yeux.

Car j'a-voue que j'ai com-mis de gran-des i-ni-qui-tés, et je ne pro-po-se à ma pen-sée, jour et nuit, que l'ob-jet de mon cri-me.

Ce-pen-dant, mes en-ne-mis vi-vent con-tens; ils se for-ti-fi-ent con-tre moi, et leur nom-bre aug-men-te tous les jours.

Ceux qui ren-dent le mal pour le bien m'ont été con-trai-res, par-ce que j'ai-me la paix et la dou-ceur.

Sei-gneur, ne m'a-ban-don-nez point dans ces pé-rils; mon Dieu ne vous é-loi-gnez point de moi.

Ve-nez promp-te-ment à mon se-cours, mon Sei-gneur et mon Dieu, puis-que vous ê-tes mon sa-lut.

Gloi-re soit au pè-re etc.

Pseaume 50.

Mon Dieu, ay-ez pi-ti-é de moi se-lon vo-tre gran-de mi-sé-ri-cor-de.

Et se-lon la mul-ti-tu-de de vos bon-tés, ef-fa-cez mon i-ni-qui-té.

Ver-sez a-bon-dam-ment sur moi de quoi me la-ver de mes fau-tes ; net-toy-ez moi de mon pé-ché.

Je re-con-nais mes of-fen-ses et mon cri-me est tou-jours con-tre moi.

Con-tre vous seul j'ai pé-ché, et j'ai com-mis de-vant vos yeux tous le mal dont je me sens cou-pa-ble. Soy-ez re-con-nu vé-ri-ta-ble en vos pro-mes-ses ; de-meu-rez vic-to-ri-eux quand vous pro-non-cez vos ju-ge-mens.

J'ai é-té souil-lé de vi-ces dès l'ins-tant de ma for-ma-ti-on, et ma mè-re m'a con-çu en pé-ché.

Mais pour-tant com-me vous a-vez tou-jours ai-mé la vé-ri-té, aus-si vous a-t-il plu de me ré-vé-ler les mys-tè-res se-crets de votre di-vi-ne sa-ges-se.

Ar-ro-sez moi de l'hy-so-pe et je se-rai net-toy-é ; la-vez moi et je de-vien-drai plus blanc que la nei-ge.

Fai-tes moi en-ten-dre la voix in-té-ri-eu-re de vo-tre Saint Es-prit qui me com-ble-ra de joie, et el-le i-ra jus-ques dans mes os af-fai-blis par le tra-vail.

Dé-tour-nez vos yeux de mes pé-chés et ef-fa-cez les ta-ches de mes i-ni-qui-tés.

Mon Dieu, met-tez un cœur net dans mon sein; re-nou-ve-lez dans mes en-trail-les l'esprit d'in-no-cen-ce.

Ne me con-dam-nez point à de-meu-rer é-loi-gné de vo-tre pré-sen-ce; ne re-ti-rez point de moi vo-tre Saint Es-prit.

Ren-dez à mon â-me la joie qu'el-le re-ce-vra dès que vous se-rez son sa-lut, et as-su-rez si bien mes for-ces par vo-tre es-prit, que je ne trem-ble plus.

J'en-sei-gne-rai vos voies aux mé-chans et les im-pies con-ver-tis im-plo-re-ront vo-tre mi-sé-ri-cor-de.

O mon Dieu, le Dieu de mon salut, pur-gez-moi du cri-me d'ho-mi-ci-de et ma lan-gue s'es-ti-me-ra heu-reu-se de ra-con-ter les mi-ra-cles de vo-tre jus-ti-ce.

Seigneur, ou-vrez s'il vous plaît mes lè-vres, et ma bou-che aus-si-tôt an-non-ce-ra vos lou-an-ges.

Car si vous eus-si-ez vou-lu des sa-cri-fi-ces, j'eus-se te-nu à hon-neur d'en char-ger vos Au-tels; mais je sais bien que les ho-lo-caus-tes ne peu-vent ap-paiser vo-tre cour-roux.

Un es-prit af-fli-gé du re-gret de ses pé-chés est le sa-cri-fi-ce a-gré-a-ble à Dieu. Mon Dieu, vous ne mé-pri-se-rez point un cœur con-trit et hu-mi-li-é.

Sei-gneur, fa-vo-ri-sez la vil-le de Si-on sui-vant vo-tre bon-té ac-cou-tu-mée, et per-met-tez que les mu-rail-les de Jé-ru-sa-lem soient re-le-vées.

A-lors vous a-gré-e-rez les sa-cri-fi-ces de justice; vous ac-cep-te-rez nos o-bla-ti-ons et nos ho-lo-caus-tes et l'on of-fri-ra des veaux sur vos Au-tels. Gloi-re, etc.

Pseaume 101.

Sei-gneur, ex-au-cez ma pri-è-re, et per-met-tez que mon cri ail-le jusques à vous.

Ne dé-tour-nez point vo-tre vi-sa-ge de des-sus ma mi-sè-re, mais prê-tez l'o-reil-le à ma voix, quand je suis en af-flic-ti-on.

En quel-que temps que je vous in-vo-que ex-au-cez moi promp-te-ment.

Par-ce que mes jours s'é-cou-lent com-me la fu-mée, et mes os se con-su-ment com-me un tis-son dans le feu.

Mon cœur ou-tré de tris-tes-se me fait res-sem-bler à cet-te her-be cou-pée qui est sans vi-gueur, et mon â-me est si af-fli-gée, que j'ou-blie de man-ger mon pain.

A for-ce de me plain-dre et de sou-pi-rer, mes os ti-en-nent à ma peau.

Je res-sem-ble au Pé-li-can dans le dé-sert, ou à la Chou-et-te en-ne-mie de la lu-mi-è-re, qui se ti-en-nent dans les trous d'u-ne mai-son.

Je ne re-po-se point tou-tes les nuits; je de-meu-re so-li-tai-re com-me le pas-se-reau dans son nid.

Mes en-ne-mis me font des re-pro-ches tout le long de la jour-née, et ceux qui m'ont don-né des lou-an-ges, se sont ef-for-cés de me dés-ho-no-rer, vo-yant que je man-geais de la cen-dre au-lieu de pain, et que je mê-lais mon breu-va-ge a-vec l'eau de mes pleurs.

De-vant la pré-sen-ce de vo-tre co-lè-re et de vo-tre in-di-gna-ti-on, puis-que a-près m'a-voir é-le-vé, vous m'a-vez si fort a-bat-tu.

Mes jours sont com-me l'om-bre du soir qui s'obs-cur-cit, s'al-lon-ge la nuit ap-pro-chant le cha-grin me fait sé-cher com-me le foin.

Mais vous, Sei-gneur, qui de-meu-rez é-ter-nel-le-ment, la mé-moi-re de vo-tre nom sera im-mor-tel-le, pas-sant de gé-né-ra-ti-on en gé-né-ra-tion.

Tour-nez vos re-gards sur Si-on quand vous re-vi-en-drez de vo-tre som-meil, pre-nez pi-ti-é de ses mi-sè-res, puis-qu'il est temps de lui par-don-ner.

Il est vrai que ses pi-er-res sont tel-le-ment chè-res à vos ser-vi-teurs, qu'ils ont re-gret de voir u-ne si bel-le vil-le dé-trui-te.

A-lors Sei-gneur vo-tre nom se-ra re-dou-té par tou-tes les na-ti-ons, et vo-tre gloi-re é-pou-van-te-ra tous les Rois de la ter-re.

Quand on sau-ra que vous a-vez re-bâ-ti Si-on, où le Sei-gneur pa-raî-tra dans sa gloi-re.

Il re-gar-de-ra fa-vo-ra-ble-ment la pri-è-re des hum-bles et ne ti-en-dra point leur sup-pli-ca-ti-on di-gne de mé-pris.

Tou-tes ces cho-ses se-ront con-si-gnées

dans l'histoire pour l'instruction de la postérité, qui en donnera des louanges au Seigneur.

Il regarde ici bas du saint lieu où son Trône est élevé du Ciel, où il réside, il jette ses yeux sur la terre.

Pour entendre les cris de ceux qui sont dans les fers et pour rompre les chaînes de ceux qui sont condamnés à la mort.

Afin que le nom du Seigneur soit honoré dans Sion, et que sa louange soit chantée en Jérusalem.

Quand tous les peuples s'assembleront, que les royaumes s'uniront pour le servir et adorer son pouvoir.

Mais je sens qu'il abat mes forces par la longueur du chemin. Il a diminué le nombre de mes jours.

C'est pourquoi je m'adresse à mon Dieu et j'ai dit : Seigneur ne m'ôtez pas du monde au milieu de ma vie, vos années ne finiront jamais.

Car c'est vous qui, dès le commencement, avez assuré les fondemens de la terre et les Cieux sont les œuvres de vos mains.

Mais ils pé-ri-ront et il n'y aura que vous seul de per-ma-nent ; tou-tes ces cho-ses vi-eil-li-ront com-me le vê-te-ment.

Et vous les chan-ge-rez com-me un man-teau ou com-me un pa-vil-lon, et vous se-rez tou-jours le mê-me que vous a-vez é-té, sans que vos an-nées pren-nent ja-mais de fin.

Tou-te-fois les en-fans de vos ser-vi-teurs au-ront u-ne de-meu-re as-su-rée et ceux qui naî-tront d'eux jou-i-ront en vo-tre pré-sen-ce d'u-ne gran-de fé-li-ci-té.

Gloi-re soit au Pè-re etc.

Pseaume 129.

Sei-gneur, je me suis é-cri-é vers vous du plus pro-fond a-by-me de mes en-nuis, Sei-gneur, é-cou-tez ma voix.

Ren-dez, s'il vous plait, vos o-reil-les at-ten-ti-ves aux tris-tes ac-cens de mes plain-tes.

Sei-gneur, si vous ex-a-mi-nez de près nos of-fen-ses, qui est-ce qui pour-ra sou-te-nir les ef-forts de vo-tre co-lè-re.

Mais la clé-men-ce et le par-don se

trou-vent chez vous, ce qui est cau-se que vous ê-tes craint et ré-vé-ré, et que j'at-tends l'ef-fet de vos pro-mes-ses.

Mon â-me s'é-tant as-su-rée sur vo-tre pa-ro-le, a mis tou-tes ses es-pé-ran-ces en Dieu.

Ain-si, de-puis la gar-de as-si-se dès l'au-be du jour jus-qu'à la sen-ti-nel-le de la nuit, Is-ra-ël es-pè-re tou-jours au Sei-gneur.

Car il y a dans le Sei-gneur u-ne plé-ni-tu-de de mi-sé-ri-cor-de et u-ne a-bon-dan-ce de grâ-ces pour nous ra-che-ter.

Et c'est lui-mê-me qui ra-chè-te-ra son peu-ple de tous ses pé-chés.

Gloi-re soit au Pè-re etc.

Pseaume 142.

Sei-gneur ex-au-cez ma pri-è-re; prê-tez l'o-reil-le à mon o-rai-son; en-ten-dez moi se-lon la vé-ri-té de vos pro-mes-ses, se-lon vo-tre jus-ti-ce.

N'en-trez point en ju-ge-ment a-vec vo-tre ser-vi-teur, car au-cun ne se peut ja-mais jus-ti-fi-er de-vant vous.

L'en-ne-mi qui m'a per-sé-cu-té sans

me don-ner un mo-ment de re-lâ-che, m'a pres-que ré-duit à ex-pi-rer en mor-dant la pous-si-è-re.

Il m'a je-té dans l'hor-reur des té-nè-bres com-me si j'é-tais dé-jà mort au mon-de, de quoi mon es-prit se trou-ve a-gi-té par beau-coup d'in-qui-è-tu-des, et mon cœur se con-su-me de dou-leur.

Mais je me suis con-so-lé par le sou-ve-nir des temps pas-sés, dis-cou-rant en mon es-prit de vos ac-ti-ons mer-veil-leu-ses en fa-veur de nos Pé-res, et mé-di-tant sur les ou-vra-ges de vos mains.

Je vous tends les mi-en-nes, et mon â-me vous dé-si-re a-vec au-tant d'im-pa-ti-en-ce que la ter-re sè-che at-tend de l'eau.

Sei-gneur ex-au-cez moi donc promp-te-ment, car mes for-ces me quit-tent et mon es-prit est dé-jà sur le bord de mes lè-vres.

Ne dé-tour-nez point de moi vo-tre vi-sa-ge, a-fin que je ne de-vi-en-ne point sem-bla-ble à ceux qui des-cen-dent dans l'a-bî-me.

Mais plu-tôt qu'il vous plai-se me fai-re en-ten-dre dès le ma-tin la voix de vo-tre mi-sé-ri-cor-de, puis-que c'est en vous que j'ai mon es-pé-ran-ce.

Mon-trez-moi le che-min par le-quel je dois mar-cher, d'au-tant que mon â-me est tou-jours é-le-vée vers vous.

Sei-gneur dé-li-vrez-moi du pou-voir de mes en-ne-mis; je me jè-te en-tre vos bras, en-sei-gnez moi à fai-re vo-tre vo-lon-té, car vous ê-tes mon Dieu

Vo-tre es-prit qui est bon, me con-dui-ra dans u-ne ter-re u-nie; et pour la gloi-re de vo-tre nom, Sei-gneur, vous me re-don-ne-rez des for-ces et la vi-gueur se-lon vo-tre é-qui-té.

Dé-li-vrez mon â-me des af-flic-ti-ons qui l'op-pres-sent, et me fai-sant sen-tir les ef-fets de vo-tre mi-sé-ri-cor-de, ex-ter-mi-nez mes en-ne-mis.

Per-dez tous ceux qui tâ-chent de m'ô-ter la vie par les pei-nes qu'ils don-nent à mon es-prit, car je suis votre ser-vi-teur.

Gloi-re soit au Pè-re etc.

VÊPRES DU DIMANCHE.

Pseaume 109.

Le Seigneur a dit mon Seigneur : soyez assis à ma droite.

Tandis que terrassant vos ennemis, je les ferai servir d'escabeau à vos pieds.

Le Seigneur fera sortir de Sion le sceptre de votre puissance, pour étendre votre empire au milieu des nations.

Votre peuple se rangera auprès de vous au jour de votre force, étant revêtu de la splendeur de vos Saints, dès le moment de votre naissance, qui paraîtra au monde comme la rosée de l'aurore.

Le Seigneur a juré et il ne se rétractera point : vous êtes, dit-il, Prêtre éternellement, selon l'ordre de Melchisedech.

Ce Dieu tout-puissant, qui est à vos côtés, brisera l'orgueil des Rois au jour de sa fureur.

Il exercera sa justice sur toutes les nations, il couvrira les champs de corps morts, et cassera la tête à plusieurs mutins qui sont sur la terre.

Il boira en chemin des eaux du torrent, et par là il s'élèvera dans la gloire.

Gloire soit au Père, etc.

Pseaume 110.

Seigneur, je confesserai vos louanges de tout mon cœur, les publiant en l'assemblée des justes, et en la congrégation des fidelles.

Les ouvrages du Seigneur sont grands et ceux qui les considèrent ne peuvent se lasser de les admirer.

La gloire et la magnificence paraissent dans les ouvrages de ses mains; sa justice demeure inviolable pendant l'éternité.

Il nous fait célébrer la mémoire de ses merveilles, le bon et miséricordieux Seigneur qu'il est; il nourrit ceux qui le servent avec crainte.

Il n'y a point de siècles ni de durée qui lui fasse perdre le souvenir de son alliance. il fera paraître à son peuple la vertu de ses exploits.

Il augmentera son héritage par le bien des nations infidèles, et l'on verra par les ouvrages de ses mains, la vérité de ses promesses et l'infaillibilité de ses jugemens.

Rien ne pourra jamais ébranler la force de ses lois, fondées sur la durée de l'éternité, composées selon les règles de la vérité et de la justice.

Il lui a plu d'envoyer la rédemption à son peuple, et de faire avec lui une alliance qui demeurât toujours.

Son nom saint et redoutable, nous fait assez voir que le commencement de la sagesse et la crainte du Seigneur.

En effet, il n'y a que des personnes bien avisées qui observent ses préceptes, et leurs louanges subsisteront durant toute l'éternité.

Gloire soit au Père, etc.

Pseaume 111.

Heureux est l'homme qui sert le Seigneur avec crainte ! Il ne trouve point de plaisir qui égale celui d'exécuter ses commandemens.

Sa postérité sera puissante sur la terre;

la race des justes sera comblée de bénédictions.

La gloire et les richesses rendront sa maison florissante, et son équité subsistera éternellement.

Ainsi la lumière se répand sur les bons parmi les ténèbres, parce que le Seigneur est juste, pitoyable et miséricordieux.

L'homme qui est sensible aux afflictions de son prochain, l'assistant selon sa commodité est heureux; qui, dis-je, règle ses paroles et ses actions sur les préceptes de la Justice, ne tombera jamais.

Sa mémoire sera immortelle, et il ne craindra point que les langues médisantes déshonorent sa réputation.

Son cœur est disposé à mettre toute sa confiance au Seigneur, sans avoir aucune pensée de l'en détourner jamais : il ne craint rien, et il attend avec confiance la déroute de ses ennemis.

Et parce que dans la distribution de ses biens il en a usé libéralement envers les nécessiteux, sa justice demeurera éternellement, et sa puissance sera honorée de tout le monde.

Les méchans voyant cela créveront de

dépit, de rage; ils grinceront les dents et ils en sécheront de colère; mais ils seront frustrés en leur attente, car les désirs des méchans périront.

Gloire soit au Père, etc.

Pseaume 112.

Enfans, qui êtes appelés au service du Seigneur, louez son saint Nom.

Que le nom du Seigneur soit béni dès-à-présent, et pendant toute l'éternité.

Car depuis le soleil levant jusqu'au point qu'il se couche, le nom du Seigneur mérite des louanges.

Le Seigneur est exalté par-dessus toutes les Nations : sa gloire est élevée par-dessus tous les Cieux.

Qui est-ce donc qui peut entrer en comparaison ave le Seigneur notre Dieu, qui demeure là-haut, et qui s'abaisse toutefois jusqu'à considérer les choses qui sont dans le ciel et sur la terre.

Il relève les misérables de la poussière, et retire les plus pauvres de la fange.

Pour les établir dans les charges honorables, et pour leur faire part du gouvernement des affaires avec les Princes de son peuple.

Qui rend féconde la femme stérile et la rend joyeuse, la faisant mère de plusieurs enfans ?

Gloire soit au Père, etc.

Pseaume 113.

En cette mémorable sortie, que fit Israël hors l'Egypte, après que la maison de Jacob fut délivrée de la captivité où elle était réduite chez un peuple barbare ?

Dieu choisit la Judée pour y dresser nos sanctuaires, et pour établir son empire en Israël.

La mer vit cette haute entreprise et prit la fuite ; et le Jourdan arrêtant ses eaux, les fit remonter du côté de sa source.

Les montagnes ont sauté comme des béliers, et les collines ont treissailli de joie dans la plaine, comme des petits agneaux auprès de leurs mères.

Mais dites-nous, grande mer, qui est-ce qui vous épouvanta si fort, que vous vous retirâtes en fuyant ? Et vous, Fleuve du Jourdain, qui vous fit retourner en arrière?

Vous, montagnes, pourquoi bondissiez-vous comme les agneaux auprès de leurs mères?

C'est que devant la face du Seigneur la terre s'est émue; c'est qu'elle a senti les agitations de la crainte en la présence du Dieu de Jacob.

Qui fait sortir les étangs de la pierre, et qui convertit les rochers en fontaines?

Non point à nous, Seigneur, non point à nous; mais donnez à votre nom la gloire qui lui appartient.

A cause de la grandeur de votre miséricorde, et de la vérité de vos promesses, afin que les Nations ne disent point où est leur Dieu.

Car il est au Ciel, où il fait tout ce qui lui plait, sans que sa puissance soit limitée.

Mais les simulacres des Gentils sont or et argent, ouvrages des mains des hommes.

Ils ont une bouche et ne parlent point; ils ont des yeux et ne voient rien.

Ils ne sont pas capables d'écouter avec

leurs oreilles, ni de flairer avec leurs narines.

Leurs mains sont inutiles pour toucher, et leurs pieds sont incapables de marcher ; ils ne sauraient rendre aucun son de leur gorge.

Que ceux-là qui les font, leur puissent ressembler, et tous les hommes qui mettent en eux leur confiance.

La maison d'Israël a mit toute son espérance au Seigneur : il est prêt à son secours, car il est son protecteur.

La maison d'Aaron a espéré en sa seule bonté ; il est son appui est son protecteur.

Ceux qui craignent le Seigneur, se confient en lui : il est leur refuge et leur protecteur.

Le Seigneur s'est souvenu de nous et nous a donné sa bénédiction.

Il a comblé de faveurs la maison d'Israël : il a béni la maison d'Aaron.

Il a répandu ses grâces sur tous ceux qui révèrent sa puissance, depuis les plus grands jusqu'aux plus petits.

Que le Seigneur vous favorise incessamment, vous et vos enfans.

Puisque vous êtes aimés de ce Seigneur, qui a fait le Ciel et la terre.

Le Ciel très-haut que le Seigneur a choisi pour sa demeure, et la terre qu'il a donnée aux enfans des hommes, afin d'y habiter.

Toutefois, Seigneur, les morts ne vous loueront point, ni ceux qui descendent dans les lieux profonds.

Mais nous qui vivons, rendons continuellement des actions de grâces au Seigneur, et reconnaissons à jamais ses faveurs.

Gloire soit au Père, etc.

Hymne.

O Créateur excellent de la lumière, qui produisez celle des jours, préparant l'origine du monde par le commencement d'une clarté toute nouvelle.

Vous avez ordonné qu'on appellerait jour le matin, joint avec le soir, débrouillant l'horrible confusion des choses, entendez nos prières, qui sont accompagnées de larmes.

De peur que l'esprit opprimé par les

crimes, ne soit privé des biens de la vie, tandis que ne songeant point à méditer les choses éternelles, il se précipite dans les liens du péché.

Qu'il pousse ses désirs jusques dans le Ciel, qu'il remporte le prix de la vie: évitons tout ce qui peut lui être contraire, et par une sainte pénitence, purgeons notre âme de toutes ses iniquités.

Faites-nous cette faveur, Père très-saint, vous son Fils unique et vous Esprit consolateur, qui régnez à perpétuité.

Ainsi soit-il.

Cantique de la Vierge.

Mon âme glorifie le Seigneur; et mon esprit s'est réjoui en Dieu, auteur de mon salut.

Parce qu'il a regardé favorablement la petitesse de sa servante, et dès-là je serai nommée bienheureuse dans la suite de tous les âges.

Car le Tout-Puissant a opéré en moi de grandes merveilles, et son nom est saint.

Sa miséricorde passe de lignée en lignée en tous ceux qui le servent avec crainte.

Il a fait paraître la force de son bras, faisant avorter les desseins des superbes.

Il a fait descendre les puissans de leurs trônes, et a élevé les petits.

Il rempli de biens les nécessiteux, et réduit les riches à la mendicité.

Il a pris en sa protection son serviteur Israël, s'étant ressouvenu dans sa miséricorde.

Selon la parole qu'il en avait donnée à nos Pères, à Abraham, et à toute sa postérité pour jamais.

Gloire soit au Père, etc.

PRIÈRE A SON PATRON.

J'AI recours à vous, grand Saint, que l'Église m'a donné pour Patron, et qu'elle m'ordonne de regarder comme mon protecteur. Je m'adresse à vous avec confiance. Je désire être votre imitateur. Je veux me conduire suivant les exemples que vous m'avez donnés. Obtenez-moi, ô mon Patron, la grâce de remplir les engagemens de mon Baptême, de vivre en parfait Chrétien, de me préparer à la mort, et de ne jamais rien faire qui déshonore un nom qui ne me vient que de vous, et qui est déjà écrit dans le Ciel.

Prière pour demander à Dieu la grâce de bien employer le temps.

O mon Dieu, que j'ai tant offensé par la perte que j'ai faite, depuis que je suis au monde, du temps destiné à la pratique des bonnes œuvres, pour ma sanctification et pour l'édification du prochain, et que j'ai consommé au contraire dans la recherche des choses mondaines et passagères, ne permettez pas que j'en abuse plus long-temps; accordez-moi la grâce que le souvenir du compte que je dois en rendre, me fasse employer utilement pour mon salut celui qui me reste à vivre sur la terre, afin que je puisse, au nom et par les mérites de Jésus-Christ, acquérir, par une continuelle application sur mes devoirs, cette vie éternelle, pour laquelle vous nous avez créés.

Prière au bon Ange.

Mon bon Ange, continuez, s'il vous [plaît], vos charitables soins; inspirez-moi [la] volonté de Dieu en toutes les œuvres [d]e cette journée, et me conduisez dans [le]s voies de mon salut.

Prière à la Sainte Vierge.

O Vierge sainte, Mère de Dieu, Reine [d]es Anges et des hommes; je vous salue [e]t honore de tout mon cœur, ainsi que [v]otre Fils veut que vous soyez honorée au [C]iel et sur la terre. O mère de miséricorde, [j]e vous choisis aujourd'hui pour ma mère; [r]egardez-moi comme votre enfant; et par [v]otre bonté, traitez-moi comme l'objet de [v]os miséricordes. O mère de grâce et de [b]onté, refuge des pécheurs, accordez-[m]oi, par votre puissante intercession, [d]'être délivré du péché, et préservé de [l]a mort éternelle. Protégez-moi, bénissez-[m]oi, obtenez-moi de votre Fils d'être tou[j]ours de ses fidèles serviteurs : ne m'aban[d]onnez pas au moment de la mort. Ainsi soit-il.

MAXIMES
DE L'HONNÊTE HOMME
OU DE LA SAGESSE.

Craignez un Dieu vengeur, et tout ce qui le blesse :
C'est-là le premier pas qui mène à la sagesse.

Ne plaisantez jamais ni de Dieu, ni des Saints :
Laissez ce vil plaisir aux jeunes libertins.

Que votre piété soit sincère et solide :
Et qu'à tous vos discours la vérité préside.

Tenez votre parole inviolablement :
Mais ne la donnez pas inconsidérément.

Soyez officieux, complaisant, doux, affable :
Poli, d'humeur égale ; et vous serez aimable.

Du pauvre qui vous doit n'augmentez point les maux.
Payez à l'ouvrier le prix de ses travaux.

Bon père, bon époux, bon maître sans faiblesse :
Honorez vos parens, surtout dans leur vieillesse.

Du bien qu'on vous a fait soyez reconnaissant.
Montrez-vous généreux, humain et bienfaisant.

Donnez de bonne grâce : une belle manière
Ajoute un nouveau prix au présent qu'on veut faire.

Rappelez rarement un service rendu :
Le bienfait qu'on reproche est un bienfait perdu:

Ne publiez jamais les grâces que vous faites ;
Il faut les mettre au rang des affaires secrètes.

Prêtez avec plaisir, mais avec jugement.
S'il faut récompenser, faites-le dignement.

Au bonheur du prochain ne portez pas envie.
N'allez pas divulguer ce que l'on vous confie.

Sans être familier, ayez un air aisé.
Ne décidé de rien qu'après l'avoir pesé.

A la religion soyez toujours fidelle :
On ne sera jamais honnète homme sans elle.

Détestez et l'impie et ses dogmes trompeurs :
Ils séduisent l'esprit, ils corrompent les mœurs.

Ne rejetez pas moins tout principe hérétique :
C'est peu d'être chrétien si l'on est catholique.

Aimez le doux plaisir de faire des heureux :
Et soulagez surtout le pauvre vertueux.

Soyez homme d'honneur et ne trompez personne :
A tous ses ennemis un cœur noble pardonne.

Aimez à vous venger par beaucourp de bienfaits :
Parlez peu, pensez bien, et gardez vos secrets.

Ne vous informez pas des affaires des autres :
Sans air mystérieux, dissimulez les vôtres.

N'ayez point de fierté. Ne vous louez jamais.
Soyez humble et modeste au milieu des succès.

Surmontez les chagrins où l'esprit s'abandonne :
Ne faites réjaillir vos peines sur personne.

Supportez les humeurs et les défauts d'autrui :
Soyez des malheureux le plus solide appui.

Reprenez sans aigreur; louez sans flatterie.
Ne méprisez personne : entendez raillerie.

Jamais ne parlez mal des personnes absentes.
Badinez prudemment les personnes présentes.

Consultez volontiers. Evitez les procès.
Où la discorde règne, apportez-y la paix.

Avec les inconnus usez de défiance.
Avec vos amis même ayez de la prudence.

Point de folles amours, ni de vin, ni de jeux:
Ce sont là trois écueils en naufrage fameux.

Sobre pour le travail, le sommeil et la table,
Vous aurez l'esprit libre et la santé durable.

Jouez pour le plaisir, et perdez noblement.
Sans prodigalité dépensez prudemment.

Ne perdez point de temps à des choses frivoles.
Le sage est ménager du temps et des paroles.

Sachez à vos devoirs immoler vos plaisirs:
Et pour vous rendre heureux modérez vos désirs.

Ne demandez à Dieu ni grandeur ni richesse;
Mais pour vous gouverner demandez la sagesse.

Chiffres arabes.

1, 2, 3, 4, 5, 6, 7, 8, 9, 10, 20, 30, 40, 50, 60, 70, 80, 90, 100, 200, 300, 400, 500, 600, 700, 800, 900, 1000, 2000, etc.

Chiffres romains.

I, II, III, IV, V, VI, VII, VIII, IX, XX, XXX, XL, L, LX, LXX, LXXX, XC, C, CC, CCC, CD, D, DC, DCC, DCCC, CM, M, MM.

www.ingramcontent.com/pod-product-compliance
Lightning Source LLC
LaVergne TN
LVHW021710080426
835510LV00011B/1705